# Por qué la publicidad falla

# (y cómo hacerlo funcionar)

*En Cápsulas*

los secretos del mítico Dan S. Kennedy

# INDICE

# PREFACIO

# Muchas publicidades fracasan

A menudo, no es culpa de la publicidad en sí, sino de las expectativas irreales o del mal uso que se hace de ella. Tampoco es culpa del pequeño empresario, que pensaba que bastaba con ser experto en su sector (derecho, reformas, medicina, restauración...) y no un experto en publicidad.

Desafortunadamente, esta situación hace que los propietarios de negocios sean muy vulnerables, convirtiéndolos en "víctimas de la publicidad".

En este libro, exploraremos las diferentes razones de los fracasos publicitarios de manera clara y directa. Puede ser un desafío difícil de aceptar, pero también un momento de gran iluminación.

¿Por qué deberías escucharme?

Primero, no tengo ninguna agenda que cumplir. Me retiré como uno de los copywriters mejor pagados en América, manteniendo la lealtad de más del 80% de mis clientes. Este libro no es un anuncio para mis servicios.

Segundo, tengo toda una vida de experiencia en el campo, he sido testigo de la locura y corrupción de las agencias de publicidad y cómo se aprovechan de sus pobres víctimas. He ayudado a innumerables pequeñas empresas a tomar este asunto en sus manos y usar la publicidad para construir grandes empresas, algunas incluso hasta alcanzar el billón de dólares.

Tercero, siempre he practicado lo que enseño en este libro obteniendo grandes resultados, no soy un académico con mucha teoría y poca práctica.

Finalmente, te darás cuenta por ti mismo al leer este libro que estas teorías se basan en el sentido común. Te presentaré verdades que siempre has sospechado, pero te sentías el único que pensaba así y por eso te quedaste callado. Lo peor es que, probablemente, habrás gastado dinero en publicidad sin estar convencido y sin ver resultados.

Generalmente, si tienes dudas sobre las reglas y costumbres de tu sector o sobre los consejos de tus colegas, deberías confiar en tu instinto. Si crees que hay una mejor manera de hacer algo o tienes dudas, trata de entender más, sé más escéptico.

Tus dudas sobre la publicidad son lo que te llevó a leer este libro ¡y verás que hiciste bien!

# CAPÍTULO 1

# El ratón que ruge termina mal

Este será probablemente el capítulo más irritante y desagradable. ¡Pero después de todo, las perlas nacen de la irritación de las ostras!

Ninguna publicidad, no importa cuán inteligente o bien hecha esté, puede compensar un producto decepcionante o una experiencia frustrante.

Si "rugiste" y atraíste a muchos clientes que luego te dejan porque no están satisfechos, el costo de adquisición de nuevos clientes, combinado con la baja retención, te llevará a la quiebra.

Para que tu publicidad funcione, debes ser capaz de hacer afirmaciones audaces, emocionantes, reconfortantes y siempre cumplir o superar las expectativas del cliente.

Debes estar siempre listo: ¿de qué sirve tener un número de teléfono en tu publicidad si nadie responde? ¿De qué sirve llevar a las personas a tu oficina si su primera experiencia es llenar un cuestionario largo y aburrido, quizás en una oficina sucia y desordenada?

Nunca des por hecho que los clientes están satisfechos, sé siempre vigilante. Preocúpate incluso por los detalles más insignificantes. Luego, intenta crear mensajes publicitarios lo más atractivos y valientes posible y cumple con las expectativas de los clientes.

# CAPÍTULO 2

# Ciegos siguiendo a otros ciegos

Algunos tienen una lagartija parlante, otros un pájaro con sombrero y gafas de sol. Casi te dan ganas de tener una vaca en patines que canta. Pero, ¿y si te dijera que estas personas están jugando un juego financiero totalmente diferente al tuyo?

Peor aún, ¿y si te dijera que no tienen forma de medir la efectividad de su bonita publicidad?

¿Y si simplemente estuvieras mirando un desfile de locos en el que no quieres participar?

La verdad es que estamos rodeados de idiotas y hay una peligrosa tendencia a creer que aquellos que gastan una fortuna en publicidad seguramente saben más que tú. Eso no es así.

De hecho, después de leer el próximo capítulo, sabrás más sobre publicidad efectiva que cualquier CEO de multinacional, graduado o pequeño empresario, incluidos tus competidores.

En el próximo capítulo analizaremos todos los diferentes tipos de publicidad según el propósito que deben alcanzar.

Pero primero, es importante que entiendas que casi todo lo que ves en la publicidad de tu sector no representa la verdad a seguir.

Se necesita creatividad y valentía para actuar en contra de las normas comunes, por lo tanto, es inevitable que esas mismas normas se refuercen por la mayoría. Después de todo, la mayoría de las personas no son ni creativas ni valientes. Así que, ¡no te dejes guiar por todo lo que es la norma!

El riesgo mortal es la presión de los colegas en tu sector para conformarte con la forma en que "debe" hacerse. Todos siguen copiándose y obteniendo resultados mediocres, pero nadie tiene el coraje de admitirlo.

Tomemos el caso del propietario de una empresa que produce almohadas: la forma en que "debe" hacerse significa generalmente hacer asociaciones con vendedores de colchones y accesorios para el hogar. Todo el mundo lo hace.

Luego está el método poco ortodoxo, el que te puede hacer rico pasando por alto todos los canales de distribución. Podría ser, por ejemplo, un anuncio en TV donde el propietario vende directamente a los consumidores prometiendo "el mejor sueño de tu vida, garantizado".

# CAPÍTULO 3

# El propósito de la publicidad

Imagina que en casa tienes una caja de herramientas que contiene, entre otras cosas, un martillo y una linterna. Si se va la luz, la linterna puede ser muy útil, el martillo no tanto.

Lo mismo ocurre con la publicidad; por eso no funciona cuando simplemente copias lo que hacen los demás. Ellos podrían tener objetivos distintos a los tuyos, por lo que podrías necesitar una herramienta diferente.

Las grandes compañías, por ejemplo, deben preocuparse por lo que pensarán los accionistas y los expertos financieros. Tu propósito publicitario es totalmente diferente al de ellos (¡vender!).

Por lo tanto, es de vital importancia entender exactamente lo que estás tratando de lograr con tu publicidad y luego comprender los distintos tipos de publicidad, para que puedas distinguir entre una linterna y un martillo.

# Los 4 tipos de publicidad

1. Conciencia de marca (*brand awareness*);

2. Compra ahora (Paso único);

3. Generación de leads (Multietapa);

4. Híbrido.

## *1. Conciencia de marca/Imagen*

Esto es lo que más comúnmente ves hacer, tanto por grandes multinacionales como por pequeñas empresas que simplemente copian lo que hacen los grandes... asumiendo que si todos lo hacen, debe ser lo correcto.

En ciertos casos tiene sentido, por ejemplo, para un producto empaquetado que necesita destacar en el estante entre muchos otros productos de la competencia. Nunca tendrás espacio en los estantes si los minoristas no están impresionados por tu publicidad de marca y será muy difícil que los consumidores elijan un producto específico del estante sin conciencia de marca.

Aparte de casos específicos como este, crear conciencia de marca requiere un costo demasiado alto y demasiado tiempo antes de ver algún resultado.

Existe una manera de crear conciencia de marca como un subproducto gratuito de la publicidad de respuesta directa, lo explico en mi libro "Construir una marca con respuesta directa". Es la estrategia de marca más útil para pequeñas empresas.

Las agencias adoran vender "brand awareness" porque no permite cuantificar su eficacia y infla el ego del cliente. Cuanto más te hablen de imagen y marca, más deberías preocuparte. Hazlo solo si tienes una razón válida.

## 2. Compra ahora (Paso único)

Este tipo de publicidad también es muy común en muchos sectores, es una especie de invitación a entrar a la tienda/oficina para una venta con descuento o una cita gratuita.

Este modo, con raras excepciones, solo puede atraer a una pequeña parte de la audiencia a la que alcanza, es decir, aquellos listos para comprar de inmediato. Desafortunadamente, no ofrece nada para todos los demás que ven la publicidad y quisieran saber más, pero aún no están listos para comprar de inmediato.

Una alternativa podría ser ofrecer más razones para responder y más maneras de hacerlo, así, además de quienes quieren comprar de inmediato, también obtienes leads interesados a quienes educar para una compra futura.

Con este enfoque más sofisticado, puedes hacer que tu presupuesto publicitario valga mucho más.

Te doy algunos ejemplos para entender mejor:

1.  Para un asesor financiero. "Si no puedes asistir a nuestro seminario sobre el nuevo sistema de impuestos, al menos déjame ofrecerte mi informe gratuito 'Las nuevas 7 trampas fiscales que comprometerán tus

ahorros'. Llama al número XXXXXX o visita www.XXX.com. Si solo estás indeciso sobre asistir al seminario, puedes ver aquí un video gratuito de 10 minutos para entender mejor de qué se trata.

2. <u>Para una tienda de muebles.</u> "Si no puedes venir a la tienda este fin de semana, al menos permítenos enviarte gratuitamente nuestro nuevo libro ilustrado '25 habitaciones transformadas con menos de 99€ al mes'. Llama al número XXXXXX o visita www.XXX.com. Una vez en el sitio, podrás ver un video de 3 remodelaciones y participar en el sorteo de una cocina totalmente nueva.

Muchos empresarios temen disminuir la efectividad de su publicidad desincentivando a los clientes a comprar de inmediato. Principalmente, este miedo se debe a que no tienen un sistema de seguimiento que mantenga "calientes" a los leads y los acompañe hacia la compra futura. Veremos cómo hacerlo en el capítulo 4.

Si realmente estás apegado al paso único y no quieres cambiar de estrategia, al menos asegúrate de que tu oferta sea realmente irresistible, audaz y diferente de las demás.

## 3. Generación de leads (Multietapa)

Este tipo de publicidad no busca atraer clientes reales de inmediato. Su único propósito es generar leads interesados, yo la llamo publicidad "info-first".

No se trata de ofrecer un folleto, sino información relevante que ofrezca un beneficio incluso si se decide no comprar nada después.

Este tipo de publicidad puede ser con marca o sin ella. Un buen ejemplo de generación de leads con marca es el realizado por Fisher Investment: ofrece guías gratuitas e informes a personas que están por jubilarse y que poseen al menos 500.000€ de patrimonio.

La generación de leads sin marca a menudo genera más leads con menos presupuesto. Un ejemplo son esas publicidades que crean curiosidad, intrigan, a menudo hablan de secretos y revelaciones sin dejar claro qué empresa está detrás. Cuidado: en algunos sectores, este tipo de enfoque podría estar prohibido, por lo que es tu responsabilidad verificar su legalidad.

A menudo, las grandes empresas que hacen generación de leads utilizan paralelamente ambos tipos: con y sin marca.

## 4. Híbrido

Combinar diferentes tipos de publicidad es posible, pero es muy difícil de lograr porque se corre el riesgo de confundir al cliente.

La generación de leads a menudo se agrega de manera tosca a la conciencia de marca y produce escasos resultados.

La respuesta directa puede coexistir en la misma publicidad como un impulso a la marca, pero la prioridad debe ser la respuesta inmediata.

Llenar el espacio con logos y nombres en letras grandes le roba protagonismo a la llamada a la acción, así que debes preguntarte qué es más importante para ti: ser recordado en el futuro o tener una respuesta inmediata?

Si quieres que tu publicidad responda a demasiados propósitos, seguramente no lograrás satisfacer ninguno.

# CAPÍTULO 4

# La publicidad no vive en una isla

Una de las principales razones del fracaso publicitario es que se separa y aísla, cuando debería formar parte de un sistema integrado para atraer nuevos clientes. Este sistema debe conectar de manera fluida la publicidad, la venta y el marketing, y posiblemente llevar a un nuevo cliente a convertirse en un cliente habitual.

Sin embargo, a menudo, en muchas empresas este sistema falta: los vendedores venden, la publicidad es delegada a agencias y expertos en redes sociales, mientras que el marketing a menudo se descuida o es manejado por personas con otras tareas, pero debería ser un puente entre la publicidad y la venta.

Si estás decidido a organizar este sistema, obtendrás enormes beneficios, pero te advierto: todos aquellos que ahora viven en islas separadas se opondrán.

Los sistemas operativos son una necesidad, son ellos los que llevan adelante tu empresa, las personas deberían limitarse a hacer funcionar estos sistemas.

Desafortunadamente, los sistemas de marketing no son la norma en las empresas comunes, pero sí lo son siempre en aquellas exitosas, pequeñas y grandes (y las pequeñas a menudo se hacen grandes gracias a estos).

La publicidad debería servir para llevar a un potencial cliente a dar el primer paso/compra, a abrir "la primera puerta".

La primera puerta es la expresión de interés en tu producto o servicio.

La publicidad también puede desalentar y filtrar a los clientes poco adecuados, como hace, por ejemplo, Fisher Investment: "... si tienes un patrimonio de al menos 500.000€".

También puede calificar a un cliente potencial a través de una pequeña transacción, por ejemplo, un libro gratuito pero con el envío pagado, o una pequeña suma reembolsable para asegurar la asistencia a un evento/cita determinado. Esto se conoce como "tripwire". Es una cantidad lo suficientemente baja como para no desalentar a los realmente interesados, pero suficiente para repeler a los que solo pierden el tiempo.

## El "content marketing" no tiene sentido

Si no estás en el mundo de la publicación o el entretenimiento, NO estás en el negocio del content marketing, no te dejes engañar.

Debes centrarte en contenidos que vendan.

No puedes hacer publicidad con simples contenidos,

sino con mensajes de venta disfrazados de contenido.

Estos "contenidos" deben ser diseñados para crear autoridad con una audiencia bien definida, de modo que tengas el poder de "prescribir una cura" en lugar de simplemente vender.

El info-first es muy diferente del content marketing porque la información es solo suficiente para llevar al prospecto a dar el segundo paso. No me interesan las estadísticas de consumo de contenido (me gusta, visualizaciones), sino solo lo que me permite medir las conversiones, las entradas en el embudo y el comportamiento dentro del embudo.

Puede haber sectores donde el content marketing funcione bien, por ejemplo, en el caso de juguetes y videojuegos. El éxito de la película Frozen II, por ejemplo, vendió muchos juguetes para Hasbro. Películas, series de televisión y dibujos animados pueden servir como publicidad indirecta para juguetes y parques temáticos (y viceversa).

Lo importante es que no caigas en la trampa de creer que porque todos llenan de contenido blogs, redes sociales y YouTube, tú también debes hacerlo.

## De comprador a cliente

Muchos empresarios piensan que la primera compra es ya de por sí una victoria, pero los más astutos saben que es solo el comienzo del proceso de conversión.

El marketing debe ocuparse de eliminar las dudas post-compra y fomentar la satisfacción del cliente. Si para obtener resultados se requiere el uso del producto, entonces a través de sus propios medios se debe motivar y asistir en el uso del mismo.

Este es el caso de la marca multimillonaria PROACTIV de Guthy Renker, para la cual desarrollé personalmente publicidad y marketing: los consumidores eran puestos en la condición de nunca quedarse sin producto a través de la renovación mensual automática del pedido, pero el control sobre la cancelación estaba basado en la motivación de usar el producto todos los días durante un período de tiempo suficiente para ver los resultados.

Si cada cliente existente realiza más compras repetidas, necesitarás menos clientes nuevos, por eso es tan importante centrarse en aumentar la frecuencia.

Luego, está la cuestión del diferente valor del cliente que previene los errores debidos a la mera consideración de los números inmediatos de las campañas publicitarias individuales.

Supongamos que, en el caso de una prueba A/B, la campaña (o el medio) A proporciona más clientes de front end (compra única o primera compra) pero menos de back end (compras repetidas o de mayor valor). Por estas razones es importante rastrear compras y comportamientos de los clientes provenientes de diferentes campañas/medios en un período de tiempo más largo.

Medir solo los resultados inmediatos podríamos pensar que la campaña A es mejor que la B, cometiendo un gran error.

En esencia, la publicidad se basa en 2 cosas que van de la mano: los números y la psique del cliente.

La misma publicidad que no funciona si falta un sistema de marketing organizado y eficiente puede ser muy rentable cuando ese sistema existe y funciona bien. La publicidad puede llevar a la compra pero no puede aumentar el valor del cliente.

## Entonces, ¿qué es la publicidad?

La realidad es que todo es publicidad o su continuación; el éxito requiere coherencia, especialmente si tu objetivo es la relación, no solo la simple transacción.

Si quieres que tu publicidad funcione, debes ser capaz de integrarla de manera coherente con toda la relación con el cliente y la experiencia del cliente.

# CAPÍTULO 5

# Tu publicidad nunca fallará de nuevo

Soy Darin Spindler y desde pequeño siempre me interesé por el marketing y los negocios. Sin embargo, lo más importante que he aprendido, se lo debo a Dan Kennedy, especialmente el triángulo Mercado-Mensaje-Media.

Solo si tienes estos 3 elementos sabes a quién quieres atraer y cómo hacerlo.

## Por qué construir una lista de clientes es lo más importante que debes hacer

Comenzamos con el club de cumpleaños incluso antes de abrir nuestra pizzería. El concepto es simple: regístrate para recibir un regalo el día de tu cumpleaños.

De esta manera, construimos todo un sistema para generar ventas durante todo el año. Ahora hay infinitas formas de crear expectación incluso antes de que el local esté operativo, ¿no es mejor empezar con fuerza?

Ahora, en el sitio web de mi pizzería, hay un banner que explica exactamente cómo obtener una pizza gratis el día de tu cumpleaños, solo necesitas registrarte proporcionando nombre, dirección, fecha de cumpleaños y número de teléfono.

A cambio, ofrecemos una pizza a elección para la fecha indicada, pero solo para quienes vengan a comer al local. Como puedes imaginar, es difícil que alguien venga solo a la pizzería el día de su cumpleaños. De hecho, esta oferta genera consistentemente más de 21 dólares por cada pizza gratis.

Después de que un cliente se registra, le pedimos por correo electrónico que comparta esta oferta en las redes sociales o que reenvíe el correo a algunos amigos para aumentar los registros.

También permitimos registrar hasta 6 miembros de la familia por cada tarjeta del club de cumpleaños.

Actualmente, nuestra cadena ha registrado los cumpleaños de 40,000 personas distribuidas en 24,000 tarjetas, lo que significa (en promedio) 1.5 miembros por familia.

# 3 maneras de construir una lista

1. Facebook;

2. Correo directo;

3. Insertos en periódicos.

# Facebook

Facebook es una excelente herramienta para atraer clientes, especialmente para los sectores de la hospitalidad y el entretenimiento. Puedes seleccionar la audiencia basada en intereses (amantes de la buena comida/vino/cerveza, etc.) y la capacidad de gasto (edad, empleo, etc.).

Los más astutos también saben a quién NO quieren atraer. En mi caso, son aquellos que quieren pizza a 5 euros. Nunca trato de atraerlos, aunque a veces terminan en la sala de todos modos (y a menudo dejan reseñas negativas porque no aprecian la alta calidad de nuestras materias primas). Esta gente solo mira el precio.

Otra gran herramienta que Facebook nos ofrece es la capacidad de alcanzar con publicidad a las personas que pronto celebrarán su cumpleaños, aumentando la posibilidad de que se registren en la lista para aprovechar la pizza gratis.

La campaña para atraer miembros al club de cumpleaños es un excelente ejemplo de campaña perenne, puedes configurarla y dejarla funcionar durante meses, incluso años, mientras funcione. Nuestro récord fue de 3 años, sin cambiar nada.

## Correo directo

Nuestro restaurante se encuentra en un barrio donde el ingreso medio familiar es de 50,000$, pero no es nuestro objetivo ideal.

Preferimos usar nuestro presupuesto para enviar

volantes por correo a otros barrios, donde los ingresos familiares rondan los 80,000-110,000$ y la posibilidad de comer fuera aumenta significativamente.

No solo enviamos volantes, sino también cartas reales o grandes postales (imposibles de ignorar).

Hacer marketing por correo puede parecer anticuado, pero es una excelente manera de destacarse de la competencia y captar la atención.

## *Los periódicos*

Los periódicos en papel están en declive, es cierto, pero también hemos logrado aprovecharlos.

Comenzamos con los anuncios clásicos cerca de los artículos, pero no funcionó muy bien. Observando el periódico del domingo, noté que muchas empresas locales usaban el "Free Standing Insert", cupones en hojas sueltas insertadas en el periódico.

Decidí probar con los mismos volantes que enviaba por correo, cambiando el enlace por uno dedicado solo a esta publicidad específica. Los resultados fueron muy alentadores y también gastamos menos que enviándolos por correo.

# Más allá de los 3 métodos

Además de estos 3 métodos, también promocionamos nuestro club de cumpleaños en ferias, plataformas de cupones, eventos de recaudación de fondos, radio, etc.

Una vez que tienes un sistema que funciona, ¡no hay límite para las formas de promocionarlo!

Muchos empresarios se asustan con la palabra gratis, pero no piensan en el costo insostenible de no tener una lista.

Durante 4 años, cada viernes, enviamos un correo electrónico semanal a nuestra lista para mantenerlos informados sobre las novedades del restaurante, junto con una oferta.

El resultado es que el 40% de nuestras ventas semanales proviene de personas en la lista, nuestros fans más leales.

## La lista nos salvó

Dan Kennedy siempre repite esta frase: "Cava el pozo antes de tener sed".

Por suerte, lo escuché porque cuando llegó la pandemia en 2020, ya llevaba 3 años cavando ese pozo.

Los clientes ya no podían venir a comer al local, afortunadamente ya teníamos una buena lista de contactos con la que comunicarnos instantáneamente. Inmediatamente les avisamos que nos ocuparíamos personalmente de las entregas, evitando UberEats & Co. y permitiendo a todo nuestro equipo seguir trabajando.

Además, creamos kits para armar en casa siguiendo

nuestros tutoriales en vivo por Zoom y otras iniciativas para consolidar la base de fans.

Muchos restaurantes, en el mismo período, tuvieron que despedir personal y algunos nunca se recuperaron del golpe. Todo porque no tenían una lista con la que comunicarse y dependían solo de los clientes de paso.

# CAPÍTULO 6

# La gran mentira

La gran mentira de la publicidad es pensar que los nuevos medios también requieren nuevas tácticas y estrategias. Es increíble cómo los expertos en nuevos medios y las agencias promocionan servicios que no permiten medir los resultados. Hablan de nuevas métricas, pero la única métrica que realmente cuenta es el ingreso... solo que a ellos no les gusta hablar de eso.

Medir el ingreso te obliga a ser resuelto y sin escrúpulos en la medición del ROI, el retorno de la inversión. Esta es la única forma de entender qué funciona y qué no, tanto para las vallas publicitarias como para los videos de Youtube.

Quien te diga lo contrario está loco o miente. Si existe un medio donde no es posible rastrear los resultados que importan, no lo uses. Punto.

## ¿Qué clientes quieres?

El éxito rara vez llega por casualidad, sino que es la suma de las decisiones tomadas por cada uno de nosotros. Claro, un poco de suerte siempre ayuda, pero sin las decisiones correctas no es suficiente. Por estas razones digo que los clientes que tienes dependen de las elecciones que haces; si no te gustan, es tu culpa. Si no estás obteniendo lo que quieres es porque no tienes claros tus objetivos.

El primer paso para elegir a tus clientes parte de la publicidad, por eso siempre debes preguntarte: ¿está pensada y construida para atraer a los clientes que quiero?

De esta pregunta depende la longitud del texto que escribirás, el medio que elegirás, el formato, etc.

A menudo, los textos más largos funcionan mejor que los cortos, a menos que sean aburridos o poco enfocados en el target correcto. Aunque sea cierto lo que todos dicen, que la atención media está disminuyendo, ¿estás seguro de querer a una persona promedio como cliente? Por lo general, es estúpida y tiene poco dinero.

# CAPÍTULO 7

# Los fundamentos del mensaje publicitario

Este capítulo, por sí solo, puede guiarte en el desarrollo de la publicidad.

Hay 4 elementos esenciales para que un mensaje publicitario funcione, en cualquier medio, veamos cuáles son:

1. Noticia;

2. Promesa de beneficio;

3. Afirmación de superioridad frente a la competencia;

4. Llamado a la acción específico (CTA).

Si a tu publicidad le faltan algunos de estos elementos, no es publicidad o se trata de conciencia de marca, un lujo que muchas pequeñas empresas no pueden permitirse.

Si quieres una publicidad que funcione, debe tener estos 4 elementos fundamentales.

### ¡Atención! ¡Peligro!

<u>Primer aviso:</u> verás muchas publicidades que no cumplen con los estándares recién enumerados, no te confundas. El hecho de que muchas personas hagan cosas estúpidas no convierte esos actos en inteligentes mágicamente. No te dejes engañar.

<u>Segundo aviso:</u> muchas personas te contradirán (expertos, agencias, colaboradores, familiares). No los escuches o fracasarás.

# 1. Noticia

El gran publicista David Ogilvy afirmaba: "si no tienes novedades, ¿por qué publicitarlo?"

Algo sobre ti o tu producto debería ser interesante, digno de mención, exactamente como esos restaurantes que anuncian un plato de temporada en edición limitada o una versión mejorada de un gran clásico.

Muchas grandes empresas comenzaron su ascenso con noticias así; Invisalign, por ejemplo, hizo noticia anunciando aparatos invisibles cuando solo existían los metálicos.

Es necesario encontrar lo que te destaca frente a la competencia. Cuanto más audaz el mensaje, más disruptiva será la noticia.

Gary Halbert, un copywriter muy famoso, escribió uno de los titulares más famosos al estilo periodístico para anunciar el perfume de una diva de Hollywood:

"Tova Borgnine jura que su nuevo perfume no contiene afrodisíacos ilegales ni estimulantes sexuales".

¡Un anuncio así tiene todo para ser una verdadera "noticia bomba"! La audacia siempre es la respuesta, recuerda que "los vendedores tímidos tienen hijos hambrientos".

## 2. Promesa del beneficio

El beneficio puede ser escapar de circunstancias negativas, dolores y miedos de todo tipo.

Muy a menudo, escapar de algo negativo es más efectivo que simplemente tener algo mejor.

Independientemente de si decides enfocarte en lo positivo o en lo negativo (siempre es mejor probar ambas soluciones con una prueba A/B), recuerda que el poder de la publicidad viene de las emociones, no de los simples hechos.

Las personas compran impulsadas por emociones y luego justifican la compra de manera lógica.

Los mejores beneficios son aquellos que afectan el ámbito personal, nunca lo olvides.

## 3. Afirmación de superioridad frente a la competencia

A menudo se resume en una USP (Unique Selling Proposition-Propuesta Única de Venta) o una UVP

(Propuesta de Valor Único). Para hacerlo simple, debes responder a la pregunta:

"¿Qué te da el derecho de estar aquí además del hecho de que quieres ganar dinero?"

Aquí está la respuesta de la pintura Rhino Shield:

"Con nuestra especial pintura de cerámica nunca tendrás que volver a pintar tu casa y en 10 años aún se verá como recién pintada, ¡garantizado!"

Esto es lo que llamo una diferencia legítima y específica, esencial para vencer a la competencia. ¡Los eslóganes creativos o bonitos no sirven de nada!

Lamento decirlo, pero debes tener una buena razón para estar en el mercado, no basta con afirmar que es tu pasión o que siempre soñaste con hacer esto, no puedes permitirte ser uno más del montón.

# 4. Llamado a la acción específico (CTA)

Las personas generalmente siguen bien las instrucciones precisas sobre qué deben hacer. Por el contrario, si tienen demasiadas opciones o instrucciones vagas, se confunden. Y un cliente confundido no compra nada.

La publicidad debe explicar exactamente:

1.  qué quieres que hagan después;
2.  qué sucederá cuando lo hagan;
3.  qué beneficio obtendrán al hacerlo;

4. por qué es importante que lo hagan de inmediato.

Hacer todas estas cosas no garantizará el éxito de tu publicidad, pero no hacerlas garantizará tu fracaso.

Otro famoso copywriter y mi amigo, John Carlton, imagina al cliente promedio como un gran perezoso sonámbulo que vive en el sofá. Afirma que la publicidad debe ser capaz de empujar a este perezoso a levantarse y correr al teléfono o a la computadora. Si tu publicidad no es tan poderosa, necesita ser replanteada y reescrita.

Dos son los puntos cruciales para hacerla poderosa:

1. Intercepta el diálogo mental del cliente. Tu publicidad no debe hablar de tu producto o servicio, sino hablarle a tu cliente sobre sus problemas, mejor si con las mismas palabras que ya resuenan en su cabeza;

2. No podemos esperar que las personas actúen en su propio interés, especialmente en un corto plazo, sin ser guiadas cuidadosamente hacia la compra. Incluye siempre un llamado a la acción adecuado y claro.

# CAPÍTULO 8

# Cómo atraer a los clientes correctos con consultorías

Si necesitas alguna forma de consultoría para vender tus servicios complejos, este capítulo te será muy útil. Si sigues estas directrices, podrías llegar a triplicar tus clientes de manera casi automática, pero primero déjame contarte una historia.

*"Había 2 pueblos que obtenían agua de un pozo cercano. Cada mañana, todos tenían que levantarse, tomar su cubo e ir hasta el pozo. El sistema funcionaba, era simple, pero también físicamente agotador. Si alguien estaba enfermo ese día, tenía que esperar la bondad de los demás. Si el clima era adverso, podían quedarse sin agua. Durante el verano, se necesitaba mucho más esfuerzo y muchos más viajes al pozo.*

*Un día, el líder de uno de los 2 pueblos tuvo una idea: construir un acueducto. El líder del otro pueblo se opuso debido a los altos costos, tiempo y esfuerzo necesarios para construirlo. No quería agregar el esfuerzo de construir el acueducto al ya agotador trabajo de transportar el agua con cubos. Por lo tanto, decidió continuar usando el viejo sistema, aunque barato y fácil.*

*Después de que el acueducto se completó, el pueblo que lo había construido comenzó a desarrollarse muy rápidamente, la agricultura y la ganadería se beneficiaron enormemente. Las condiciones de higiene y salud también mejoraron mucho.*

*En el otro pueblo, todo se mantuvo igual, excepto que muchos se mudaron al pueblo vecino, reduciendo la mano de obra. Continuaron diciendo que el acueducto costaba demasiado dinero y esfuerzo, que rompería la tradición y que de todos modos no podría funcionar porque su pueblo era "diferente". De cualquier manera, no tenían ni el dinero ni la mano de obra para construirlo porque el otro pueblo había robado a sus mejores trabajadores.*

*En resumen, nunca progresaron, lo único que continuó creciendo fue el resentimiento hacia sus vecinos, culpándolos por sus propios fracasos."*

Esta historia te suena familiar, ¿verdad?

De hecho, es la historia de muchos pequeños negocios que, a pesar de no estar pasándola bien, deciden permanecer pequeños y no resolver sus problemas.

¿Por qué lo hacen?

Porque odian la complejidad; desafortunadamente, no existen soluciones simples a problemas complejos.

La verdad es que la mayoría de los empresarios subestiman enormemente la dificultad de adquirir un cliente rentable, por eso intentan hacerlo de la manera más económica posible, fallando. Luego, en lugar de profundizar y entender por qué no funcionó, simplemente dicen "¡Facebook no funciona!", "¡la SEO no funciona!", etc., y prueban una nueva forma económica que tampoco funcionará. Y así sucesivamente.

# Las bases de la generación de leads

Para hacer que un prospecto interesado en trabajar contigo levante la mano, necesitas darle una buena razón para interactuar: nosotros lo llamamos generación de leads.

Si tu única razón es: "Porque somos buenos, probablemente mejores que tu proveedor actual, ¡danos una oportunidad!" no motivarás a nadie a llamarte, excepto a los más desesperados. Además, deberán necesariamente tener estas características:

1. Deben haber decidido ya comprar lo que vendes;

2. Deben haber decidido ya comprarlo de ti y no de tus competidores;

3. Deben estar listos para comprar inmediatamente.

Todos estos obstáculos hacen que muy pocas personas te contacten. La realidad es que hay muy pocos clientes listos para comprar inmediatamente, aún menos son aquellos que te conocen y, además, hay una multitud de opciones disponibles en el mercado.

Por lo tanto, al hacer una oferta, podemos comenzar a construir una lista de contactos y con ella un flujo de clientes que eventualmente estarán listos para comprar y que necesitan ser guiados hacia una consultoría.

# Cómo crear una oferta

Hay 2 grandes categorías de ofertas: información gratuita o consultoría gratuita.

## *Información gratuita*

Si no sabes por dónde empezar, lo ideal es crear una guía que ayude a tu cliente ideal a entender cómo navegar en el sector y cómo evaluar los diferentes servicios/profesionales según sus necesidades.

Te doy un ejemplo: si un cliente busca un consultor IT para su empresa, ¿cómo sabe quién es el más competente, honesto y adecuado para él? ¿Qué preguntas debería hacerle para entender todas estas cosas? Una herramienta útil podría ser una guía titulada "21 preguntas que debes hacer a tu nuevo consultor IT antes de firmar un contrato, evitando desastres."

Veamos algunas formas de ofrecer información gratuita:

- Guías o informes gratuitos;

- Entrevistas, podcasts;

- Libros o e-books;

- Cuestionarios interactivos;

- Seminarios, webinars.

## *Consultoría gratuita*

La consultoría gratuita no es más que una cita de venta, pero para no asustar a los clientes la llamamos consultoría. Mejor aún si logras encontrar algo más específico relacionado con el sector en el que operas, por ejemplo, "Check-up de seguridad informática".

Aquí hay algunas consultorías que puedes ofrecer:

- Primera llamada de servicio gratuita;

- Diagnóstico gratuito;

- Check-up médico;

- Regalo en la primera cita;

- Prueba gratuita por un tiempo determinado.

# Por qué necesitas ambas

Para maximizar el número de consultorías, debes ofrecer ambas opciones porque si solo ofreces la consultoría gratuita, perderás la oportunidad de atraer a aquellos que están comenzando a pensarlo, pero aún no están listos para hablar con nadie.

La información gratuita, además, debe construirse de manera que lleve al cliente hacia la consultoría gratuita.

Además, para aumentar el ROI de tu marketing es fundamental entender que:

1. El material gratuito debe ser "vendido" bien. Incluso si ofreces algo gratis, no significa que se venda solo, debes ser persuasivo al presentarlo, exactamente como si fuera de pago. Siempre piensa en esto cuando escribas tus materiales de marketing.

2. Para aumentar la respuesta, deberías tener una fecha límite o alguna forma de escasez. En algunos casos no tiene sentido usarla, pero deberías hacerlo siempre que sea posible. Por ejemplo, en el caso de un webinar, podrías decir que no habrá grabación, aumentando así la asistencia, etc.

Otra estrategia es ofrecer un bono a los primeros 10 que se registren para un evento o que acepten la oferta.

Si ofreces algún tipo de Check-up, puedes decidir no hacerlo abierto a todos siempre en tu sitio web, sino crear campañas específicas para grupos de prospectos seleccionados, utilizando la escasez y páginas de aterrizaje dedicadas.

1. Necesitas una oferta estándar que se pueda usar todo el año y que vaya más allá de la necesidad inmediata. Por ejemplo, si un taller ofrece un cambio de aceite gratuito solo en agosto, muy pocas personas podrían necesitarlo. Si en cambio ofreciera un check-up gratuito antes de las vacaciones, obtendría

mucho más interés, incluso de aquellos que no tienen una necesidad inmediata (especialmente si lo promociona en primavera-verano).

2. Cualquier cosa que ofrezcas debe proporcionar un valor real. Si no proporcionas valor por adelantado, ¿cómo pueden saber que tus servicios son realmente útiles?

3. Promocionar información gratuita es la oferta perfecta cuando no tienes mucho espacio para un copy largo. Por ejemplo, en el caso de los anuncios de Facebook, donde un título bien escrito es suficiente para vender un libro, webinar, etc. Es más difícil vender una consultoría porque necesita más explicaciones sobre cómo funciona y qué sucederá después.

4. Cualquier información gratuita debe lograr 2 cosas. Primero, debe ser construida para generar interés en tu negocio y reservar una consultoría. Por último, también debe posicionarte como el experto en el sector, eliminando todas las demás opciones.

5. Una vez que encuentres la información gratuita que funciona bien, transfórmala en otros formatos. Si tienes un webinar que funciona bien, conviértelo en un libro, una guía descargable, un video de Youtube, un podcast, etc. Cuantos más formatos tengas, más personas alcanzarás porque cada uno tiene sus formatos y plataformas preferidas; hay quienes prefieren escuchar, ver o leer.

6. Para convertir a aquellos que han solicitado la información gratuita, necesitas hacer seguimiento a través de correo electrónico, llamadas telefónicas e incluso por correo postal, si es posible, tratando de fijar la famosa consultoría gratuita.

# Promocionar una consultoría gratuita

Cualquiera que ofrezca soluciones complejas tiende ya a ofrecer una consultoría gratuita.

Médicos, asesores financieros, abogados y similares necesitan "prescribir una solución" porque no venden productos que simplemente se pueden "agregar al carrito".

El punto es que lo hacen mal, sin un proceso bien establecido y uniforme para todos. Todo el proceso se basa en el ánimo del momento o las sensaciones que tienen con el prospecto.

Por lo tanto, lo primero que se debe hacer es mapear el proceso: desde el primer punto de contacto del cliente hasta lo que se dice durante la llamada. Trata de responder a las dudas más comunes antes de la cita de venta real (la llamada consultoría).

Por ejemplo, si los clientes se quejan a menudo del precio, explica de inmediato las razones: por qué tenemos más técnicos por cliente, respuestas más rápidas, servicio 24/7, no tenemos call centers en el extranjero, etc.

# Un buen proceso a imitar

1. Un lead se registra para acceder a información gratuita y termina inmediatamente en el CRM, desencadenando una serie de correos electrónicos de seguimiento.

2. Se le pide de inmediato que reserve una consultoría gratuita en la página siguiente. Antes de fijar la cita, deben responder a un breve cuestionario. Independientemente de si reservan la consultoría o no, recibirán un correo electrónico con un enlace a la información gratuita que querían.

3. Quienes respondan al cuestionario podrán reservar una fecha disponible directamente desde el calendario.

4. Tan pronto como lleguen los datos del cuestionario y de la cita, se asignará un vendedor que llamará al cliente para asegurarse de que no haya errores y de que no cambie de opinión. También se activará una pequeña secuencia de correos electrónicos con información útil y el enlace al calendario para quienes aún no hayan reservado la consultoría.

5. Todos los leads son verificados por el administrador de la base de datos que elimina los contactos spam o fuera de objetivo y verifica que toda la información sea correcta, incluso realizando búsquedas en Google o en

redes sociales, si es necesario.

6. Después de esta verificación exhaustiva, se puede enviar un paquete por correo con toda la información necesaria para vender la consultoría y continuar con correos electrónicos y llamadas telefónicas. Este proceso dura 3 semanas o menos, en caso de que el cliente reserve la consultoría o declare que ha cambiado de opinión.

7. Se crea una campaña de retargeting en Facebook o LinkedIn promocionando la consultoría gratuita.

8. Si después de todo esto no reservan la consultoría, estos contactos se incluyen en el boletín con todas nuestras actualizaciones y publicaciones de blog.

9. Cada mes, compilamos una lista de aquellos que comenzaron el proceso 6 meses antes sin reservar una consultoría e los incluimos en una serie de correos electrónicos con una oferta más agresiva.


Construir un proceso como este requiere mucho trabajo, pero puedo asegurarte que vale la pena al 100%. Una vez construido, puede funcionar solo, sin cambios, durante años.

# CAPÍTULO 9

# 17 palabras para ganar o perder

Probablemente ya hayas oído hablar de los titulares (*headline*).

En resumen, es "la publicidad de la publicidad". El titular es esa frase/título que despierta la curiosidad del lector y lo incita a leer el resto de la publicidad/carta de ventas.

Es un trabajo menos creativo de lo que se piensa porque lo más importante no es parecer simpático o inteligente, sino captar magnéticamente la atención del cliente ideal. Si fallas en el titular, tu publicidad simplemente será ignorada.

## Cómo escribir un titular potente

*(Aunque te cueste escribir la lista del supermercado)*

## En 59 minutos o menos

Para escribir un titular potente necesitas al menos uno de los 4 elementos esenciales explicados en el capítulo 7.

Para estar seguro, trata de no superar las 17 palabras, aunque en este caso las he superado, compensando con un tamaño de fuente más pequeño en la segunda frase.

Hay muchos templates disponibles tanto en línea como en mi libro "The Ultimate Sales Letter" o el libro "How to Write Good Advertisement" de Victor Schwab.

Toma 10 o 20 y comienza a jugar adaptándolos a tu negocio, luego elige 2 y realiza una prueba A/B para ver cuál funciona mejor.

# CAPÍTULO 10

# Los 3 obstáculos

Para tener éxito, es necesario superar principalmente 3 obstáculos:

1. Desinterés;

2. Escepticismo;

3. Resistencia.

## Superar el desinterés

La mayoría de las personas muestra desinterés hacia algo nuevo que se agrega a sus vidas ya bastante complicadas, son poco receptivas. Por lo tanto, si tu mensaje puede ser ignorado, ¡seguramente lo será!

La mejor cura para el desinterés es un mensaje con estas características:

– Específico;

– Obvio y claro;

– Urgente.

Hay un viejo dicho en marketing: si vendes a todos, en realidad no vendes a nadie.

Debes ser la opción perfecta solo para algunas personas, quienes te reconocerán como una opción muy relevante para ellas. Cuanto más preciso seas, mejor funcionará tu publicidad.

Por lo tanto, la pregunta "¿Quiénes son tus clientes?" es más importante que "¿Qué tienes para vender?".

# Superar el escepticismo

Las personas tienen las siguientes creencias:

- Si parece demasiado bueno para ser verdad, probablemente lo sea;

- Debe haber un truco;

- No hay almuerzos gratis.

A menudo, además, están convencidas de que tienen problemas imposibles de resolver y se han resignado a la idea. No confían en los vendedores y no confían en sí mismos junto con los vendedores.

En resumen, el escepticismo es un gran obstáculo.

La prueba social (social proof) es un antídoto muy efectivo, por eso ves a menudo testimonios que afirmaban ser escépticos pero que luego cambiaron de opinión sobre un determinado producto.

Por lo tanto, testimonios, estadísticas y reseñas son todas tácticas que permiten superar el escepticismo.

Sin embargo, no puedes asumir o dar por hecho que todos te creerán.

# Superar la resistencia

Como ya hemos dicho, las personas tampoco confían en sí mismas porque quizás en el pasado hicieron elecciones equivocadas o se sintieron manipuladas.

Por lo tanto, si tu publicidad tiene como objetivo llevar a los clientes a un encuentro cara a cara o al teléfono, deberías intentar disminuir la tensión. A menudo se utilizan fórmulas como "sin compromiso", "prueba gratuita", etc.

# CAPÍTULO 11

# ¿Qué es la Gran Idea?

Todas las mejores campañas publicitarias tienen en su centro una Gran Idea: algo nuevo que los diferencia de la competencia y promete una ventaja.

Una de las frases más famosas de Donald Trump es: "Si vas a pensar, ¡piensa en grande!".

Todos los negocios más exitosos tienen una Gran Idea:

- Bezos pensó en Amazon como la "tienda que lo vende todo" y compite con el "Black Friday" con los "Amazon Prime Days";

- Cuando Domino's comenzó a vender pizzas, conquistó a los consumidores con la entonces revolucionaria "Entrega en 30 minutos o menos, garantizado";

- Los resorts "The Sandals" fueron los primeros en traer los paquetes todo incluido de los cruceros a tierra firme.

La gran idea va más allá del producto/servicio, es algo más general.

Una Gran Idea maravillosa es esta: "Cómo ganar un segundo salario, sin un segundo trabajo". Como notarás, está desvinculada del producto en sí y podría vender potencialmente cualquier solución que permita ganar dinero sin que sea un verdadero trabajo.

O mira esta otra creada para comidas dietéticas: "Come y pierde peso". Aquí tampoco se habla de las características específicas de estas comidas, aunque a veces puede suceder.

En general, sin embargo, la Gran Idea habla de lo que el producto no es, de lo que no es necesario para hacerlo funcionar, o de lo que elimina (por ejemplo, los kilos de más).

# CAPÍTULO 12

# La importancia de las pruebas

El éxito en publicidad rara vez depende de lo que piensas, sino de lo que sabes. Cuentan los hechos, no las opiniones, ya sean tuyas, de tus empleados, de tu suegra, de tu diseñador web o de tu agencia.

Para tener éxito, tanto en general como en publicidad, debes respetar los hechos y ser escéptico respecto a las opiniones. Y para obtener los hechos en el ámbito de la publicidad, hay una única manera: probar y registrar los resultados.

## Sorpresas de las pruebas

El famoso autor Tim Ferriss eligió el título de su bestseller, "La semana laboral de 4 horas", probando cientos de títulos con una campaña de Google Ads. No eligió él, eligió el mercado por él.

A pesar de ser un experto copywriter y saber qué elementos son necesarios para que una publicidad funcione, no puedo saber cuál de varias opciones válidas es la mejor con una audiencia determinada en un momento específico. Nadie puede saberlo. Para eso son las pruebas.

# Una letra que vale un millón de dólares

Este es el resultado de una prueba accidental que nos hace entender la importancia de las pruebas.

Por una semana, el encabezado "Put music in your life" fue cambiado por error a "Puts music in your life". La "s" final cambia el significado original de "Pon música en tu vida" a "Pone música en tu vida".

¿Quieres saber por qué un simple cambio de sujeto generó toda esta diferencia? Simple, "pon" requiere esfuerzo por parte del lector, "pone" descarga el esfuerzo en otro.

El famoso concepto de "hecho para ti" siempre funciona mejor que algo que requiere esfuerzo personal.

Sin embargo, hay atajos, veámoslos.

### 1. Disco de ventas (script)

Es importante tomar nota de lo que ya dices hablando con tus clientes, especialmente las grabaciones de ventas de éxito probado o los argumentos de tus mejores vendedores. Siempre las pido a mis clientes, me ayudan mucho en la redacción de los materiales de marketing.

## 2. Swipe file y robo legalizado

Copiar y pegar una publicidad o cualquier texto producido por otros es ilegal y erróneo.

Sin embargo, tomar partes de publicidades que funcionan y adaptarlas a tu situación no solo es legal, sino también inteligente.

Con el tiempo, deberías construir tu propio "archivo de recortes/*swipe file*" personal, un conjunto de material publicitario de éxito adecuado para el sector en el que operas y del cual sacar inspiración.

## 3. Conversaciones e entrevistas

Nada supera vivir en contacto con tus clientes ideales. Si vendes a personas comunes y no frecuentas Walmart estás loco. Del mismo modo, si vendes a un target de lujo y no frecuentas el yacht club.

Las personas no están interesadas en tu producto o servicio, sino en sí mismas, especialmente en:

- Familia

- Trabajo

- Entretenimiento

- Dinero

Por lo tanto, si vendes un producto/servicio que genera poco interés, debes venderlo hablando de una de estas 4 cosas.

### *4. Uso de copywriters profesionales*

En la mayoría de los casos, no solo no puedes permitirte a buenos copywriters, sino que tampoco los necesitas.

En muchos casos, el nivel de tus competidores es tan bajo que basta con hacerlo mejor que ellos (y puedes hacerlo por ti mismo).

Si, sin embargo, puedes permitírtelo y quieres escalar tu empresa, entonces un buen copywriter de respuesta directa es definitivamente una buena inversión.

Nunca subestimes la importancia del copy (es decir, el texto), es incluso más importante que el producto o servicio que tienes para vender porque es el copy el que te permite venderlo.

## ¿Eres más inteligente que ayer?

No puedes volverte más rico sin volverte más inteligente.

Probar y analizar es lo que te permite aprender siempre algo más sobre tus clientes y el mercado en el que operas. Por lo tanto, la pregunta que deberías hacerte cada noche es: "¿Qué sabes hoy sobre tu negocio que ayer no sabías?".

Si no tienes una buena respuesta a esta pregunta todos los días, has perdido la oportunidad de mejorar.

# CAPÍTULO 13

# Los activos evergreen

En mi carrera, siempre he tratado de crear activos publicitarios. Crear publicidades evergreen, que duran en el tiempo, hace que la publicidad sea una inversión realmente rentable.

Desafortunadamente, existe una tendencia a crear siempre nuevas publicidades.

Hace años, creé para un cliente un infomercial de 30 minutos que funcionó durante 9 años seguidos. Mi único trabajo durante esos años fue impedirle cambiar la publicidad porque se había cansado de verla.

La verdad es esta: es más fácil alcanzar a nuevas personas (con la misma publicidad exitosa) que encontrar una nueva publicidad que funcione.

Ninguna publicidad parece vieja a los ojos de una persona que nunca la había visto antes. Por eso, una vez que tienes una publicidad que funciona, solo necesitas concentrarte en llevarle nuevo tráfico.

Por ejemplo, si tienes una publicidad que funciona bien en cierto medio, adáptala para usarla en otros canales (texto, video, audio) para alcanzar a nuevas personas.

Innova e implementa más, inventa menos.

Thomas Edison, contrariamente a lo que se piensa, era más un promotor que un inventor, todo lo que lo hizo famoso había sido inventado por otros.

Jeff Bezos no inventó nada cuando creó Amazon.

Las invenciones pueden ocasionalmente producir fama y fortuna, pero es mucho más fácil mejorar algo que ya ha sido inventado e implementarlo de la mejor manera con sistemas de marketing adecuados.

Desafortunadamente, muchos empresarios son atraídos por la genialidad y las nuevas invenciones, mientras que se aburren de implementar y mejorar lo que ya existe.

Como siempre, la mayoría se equivoca sobre "hacer dinero".

Recuerda siempre que, a menudo, nuestros peores enemigos somos nosotros mismos.

## ¿Puede una sola publicidad hacerte rico?

Sí, absolutamente. He creado más de un centenar de publicidades, cartas de ventas, infomerciales, etc. Todas han producido al menos un millón de dólares, algunas 10 o incluso 20.

Todo comienza con las intenciones correctas y el propósito adecuado, necesitas comprender la diferencia entre riqueza y simples ingresos.

Por eso es importante comprender los 3 modos de hacer dinero:

1. Trabajo;

2. Personas (trabajo multiplicado);

3. Dinero que trabaja para ti (inversiones).


Los primeros 2 generan ingresos simples, solo el tercero construye riqueza.

Por eso es importante que te entrenes a pensar como un inversor, no como un simple trabajador.

Cuando seas capaz de hacerlo, naturalmente comenzarás a crear publicidades evergreen en lugar de producir siempre material nuevo. Y serás parte de una élite de iluminados.

Los ingresos te vienen de lo que haces, mientras que la riqueza viene de lo que posees.

¿Invertirías jamás en un edificio que debe ser destruido y reconstruido cada 5 años? Seguramente generará algunos ingresos en el ínterin, pero nunca creará riqueza. Si no puedes construir algo duradero, ¿qué sentido tiene invertir dinero en ello?

De la misma manera, supongo que nunca invertirías en un edificio donde ocurren desastres naturales continuos: Google, Facebook, Youtube (etc.) son plataformas poco fiables para cualquier actividad. No digo que no las uses, pero nunca cometas el error de hacerlas la base de toda tu empresa.

# CAPÍTULO 14

# Consejos del fundador de Clickfunnels

Soy Russell Brunson, cofundador en 2014 de Clickfunnels.com, una empresa que facilita a los emprendedores la creación de embudos.

En sus primeros 3 años de vida, Clickfunnels logró una facturación de más de 100 millones de dólares y actualmente contamos con más de 100.000 usuarios activos.

Estoy aquí para explicaros lo que he aprendido en todos estos años: el 95% de mi facturación proviene de 3 embudos básicos. Sin estrategias complejas ni de última moda.

Sé que las estrategias básicas no entusiasman a nadie, pero son las que determinarán tu éxito o fracaso.

Cuanto más te concentres en lo básico, ignorando las "noticias del día", más dinero ganarás.

Miro toneladas de embudos todos los días, veo personas que tienen miles de variaciones basadas en cada escenario que se les ocurre (ventas adicionales, ventas cruzadas, etc.) y, sin embargo, muchas de ellas no lo están haciendo. muy bien.

Volvamos a los 3 embudos básicos que suponen el 95% de mis ingresos, veamos cuáles son:

1. El "Tripwire funnel" donde comienza el proceso de conversión;

2. 2. El "Webinar funnel" donde comenzamos a calentar a la audiencia y cultivar la comunidad;

3. 3. El "funnel de alta gama".

## Cómo se integran los 3 funnel

En un mundo perfecto, sólo vendería mis productos de alta gama, en el caso de mi empresa (paquetes de 100.000 dólares).

El problema es que no puedes presentarte a un extraño y decirle: "Hola, mi nombre es Russell Brunson y soy bueno en marketing, si me das $100.000 cambiaré tu negocio para siempre".

Tienes que proporcionar algún valor por adelantado (gratis o de bajo costo); de lo contrario, ¿cómo sabe un cliente potencial si puedes ayudarlo o no?

Por ejemplo, recientemente vendí una copia de mi libro a un chico que, al reconocer su valor, inmediatamente me pidió ayuda para implementar lo que había leído. Esa única copia del libro me hizo ganar la friolera de 100.000 dólares.

Por supuesto, no siempre sale tan bien, pero muchos de aquellos que obtienen valor del libro de una forma u otra continúan gravitando hacia mi mundo y comprándome algo con el tiempo.

La clave, independientemente de lo que venda, es ofrecer un producto y una experiencia que brinde a las personas tanto valor que seguirán regresando a usted.

# 1. El "Tripwire funnel"

Normalmente es algo así como "producto gratis + envío pago", enfocado al tráfico frío o a aquellos que aún no te conocen.

Para encontrar el producto adecuado es necesario pensar quiénes son sus clientes ideales y qué quieren. ¿Qué les haría detenerse y hacerle saber que están interesados?

Recuerda que la primera venta que hacemos no es para ganar dinero, sino para adquirir un cliente que comprará varias veces a lo largo del tiempo.

Una vez que el cliente entra en el embudo hay que empezar a "adoctrinarlo" porque, desde el momento en que acepta tu oferta, pueden haber mil distracciones que pueden impedirle dar el siguiente paso.

Para superar este inconveniente, empiezo a enviarles una serie de videos por correo electrónico para educarlos y acompañarlos hacia el siguiente paso, el seminario web.

Esto no sólo se aplica a los seminarios web clásicos, sino a cualquier negocio. Imagina que tienes una tienda de ropa clásica y todo tu tráfico pago se envía al sitio, donde hay un código de descuento para usar en la tienda (y logras que se registren).

Cada vez que está a punto de llegar la nueva colección, organizas una retransmisión en directo por Facebook o Zoom directamente desde tu tienda que utilizarás para mostrar las nuevas prendas a los clientes. Simplemente envía las invitaciones por correo electrónico a quienes ya se han puesto en contacto contigo (a través del código de descuento).

La semana anterior al evento envías un correo electrónico con un enlace a un vídeo que destaca un elemento en particular (y que mostrarás con más detalle durante la transmisión en vivo).

# 2. El "Webinar funnel"

Muchos dirán que no es para ellos porque tienen un restaurante o negocio tradicional que no encaja con el webinar. Ya lo he demostrado con la tienda de ropa y Darin Spindler (en el capítulo 5) lo demostró con un restaurante, a través de lecciones o kits para armar.

Los seminarios web no sólo son útiles para los negocios online, sólo hay que tener un poco de creatividad y pensar en ello.

Los seminarios web clásicos suelen venderse entre 300 y 3000 dólares.

Normalmente, los clientes "tripwire" deben ser educados de inmediato y empujados hacia el seminario web pero, si se hace un buen trabajo, el seminario web puede funcionar incluso con tráfico frío.

Sin embargo, quienes siguieron el seminario web reciben formación y se les empuja hacia el "funnel de alta gama".

# 3. "Funnel de alta gama"

Estos son los funnel en los que normalmente pido entre 3000 y 100 000 dólares.

Dado que es muy difícil vender algo tan caro en línea, este tipo de embudo mueve a las personas del entorno en línea al modo fuera de línea (vendiendo por teléfono o en persona).

Tomemos el ejemplo de un dentista: tripwire puede ser un tratamiento de blanqueamiento gratuito que conduce a un seminario web que luego conduce a servicios de alta gama como un implante, un Invisalign, etc.

O un cirujano estético: el truco es una sesión gratuita de botox, luego hay un seminario web que conduce a un servicio de alta gama como una operación real.

En última instancia, todos los embudos deberían conducir al embudo superior porque estos son los servicios que más impactan los resultados de su cliente. Además, también son los servicios que más te permiten ganar, los que tienen mayor margen, sobre todo si el coste de adquisición ya ha sido cubierto por los embudos inferiores.

Una táctica que siempre uso para facilitar el ascenso es esta, en la página de agradecimiento del embudo anterior escribo: "¿Necesitas ayuda para implementar lo que compraste?" intentando aumentar las ventas.

Normalmente los más activos aceptarán inmediatamente, normalmente entre un 1 y un 2%.

Luego, durante los próximos 60 días intento llevar ese porcentaje al 10% mediante estrategias de seguimiento.

Básicamente, estos 3 embudos son suficientes para que usted se asegure de que su publicidad nunca vuelva a fallar.

# CAPÍTULO 15

# ¿Presupuesto publicitario? Una tontería

Una cosa que se enseña a los empresarios y gerentes es establecer presupuestos. Es otra de esas cosas que se hacen porque todos las hacen, pero es una tontería.

Si una publicidad funciona y te trae clientes de buena calidad a bajo precio, ¿por qué deberías detenerte una vez alcanzado el presupuesto? No tiene sentido.

Lo que tiene sentido es rastrear el ROI, retorno sobre la inversión. Si por cada dólar gastado siempre recibes al menos dos, no tienes razón para detenerte, continúa mientras puedas.

El marketing directo es el único que te permite saber cada día cuál es tu ROI. Con la conciencia de marca es mucho más difícil, quizás puedas intentar calcularlo a grosso modo año tras año.

La única manera de gestionar los riesgos de la mejor manera es tener siempre datos precisos y oportunos.

## ¿La publicidad es arte o ciencia?

Creo que a estas alturas deberías saber la respuesta a

esta pregunta.

Muchos piensan que es un proceso creativo, cuando en realidad es más un proceso metódico. Hay fórmulas que respetar y elementos fundamentales que incluir.

No necesitas un "genio" para aplicar la metodología, sino un poco de inteligencia y disciplina. No es magia, pero es algo que puedes entender y utilizar a tu favor.

En este libro he intentado presentar el proceso integrado completo de publicidad, marketing, ventas y desarrollo de clientes; es un esfuerzo común y organizado, no una serie de secciones de la empresa que no se comunican entre sí.

Espero también haber aclarado la diferencia entre la respuesta directa y todo lo demás en publicidad, es decir, aquella hecha como "arte a expensas del cliente".

Nunca olvides que se trata de tu dinero, tú eres el responsable de cómo se gasta.

# El secreto de la publicidad exitosa

Como hemos visto, a menudo la publicidad falla porque no está integrada en un sistema completo.

Cuando un cliente simplemente me pide una mejor publicidad, rechazo. No se puede resolver un problema con una publicidad si primero no se analiza el modelo de negocio completo y el sistema de adquisición/gestión de clientes.

Se trata, ante todo, de eficiencia financiera y lucha contra el desperdicio porque el secreto es este: ¡quien puede gastar más para adquirir un cliente, gana!

Si hiciera una buena publicidad para una empresa que no tiene un modelo de negocio sostenible o un sistema bien pensado, solo aceleraría su fracaso.

Ahora que tienes toda esta información, la pregunta es: ¿qué harás para mejorar?

# Nota

Esta síntesis de *"Why advertising fails and how to make your succed"* ha sido cuidadosamente elaborada para difundir los principios del pensamiento de Kennedy en espanol.

Dan Kennedy es uno de los protagonistas más influyentes e importantes del marketing de respuesta directa y, desafortunadamente, sus libros solo están disponibles en inglés. Aunque esta es una versión extremadamente sintetizada, estamos convencidos de que puede funcionar como trampolín para aquellos que no conocen bien el inglés, pero desean profundizar y aplicar su pensamiento. El propósito de esta síntesis es puramente divulgativo, no pretendemos de ninguna manera reemplazar el libro original de Dan Kennedy (disponible en Amazon a través del código QR).

*El equipo de Ediciones Esencia*

www.ingramcontent.com/pod-product-compliance
Lightning Source LLC
Chambersburg PA
CBHW070945290526
45795CB00005B/1648